DASTGIR RAJA
WWW.RDASTGIR.COM

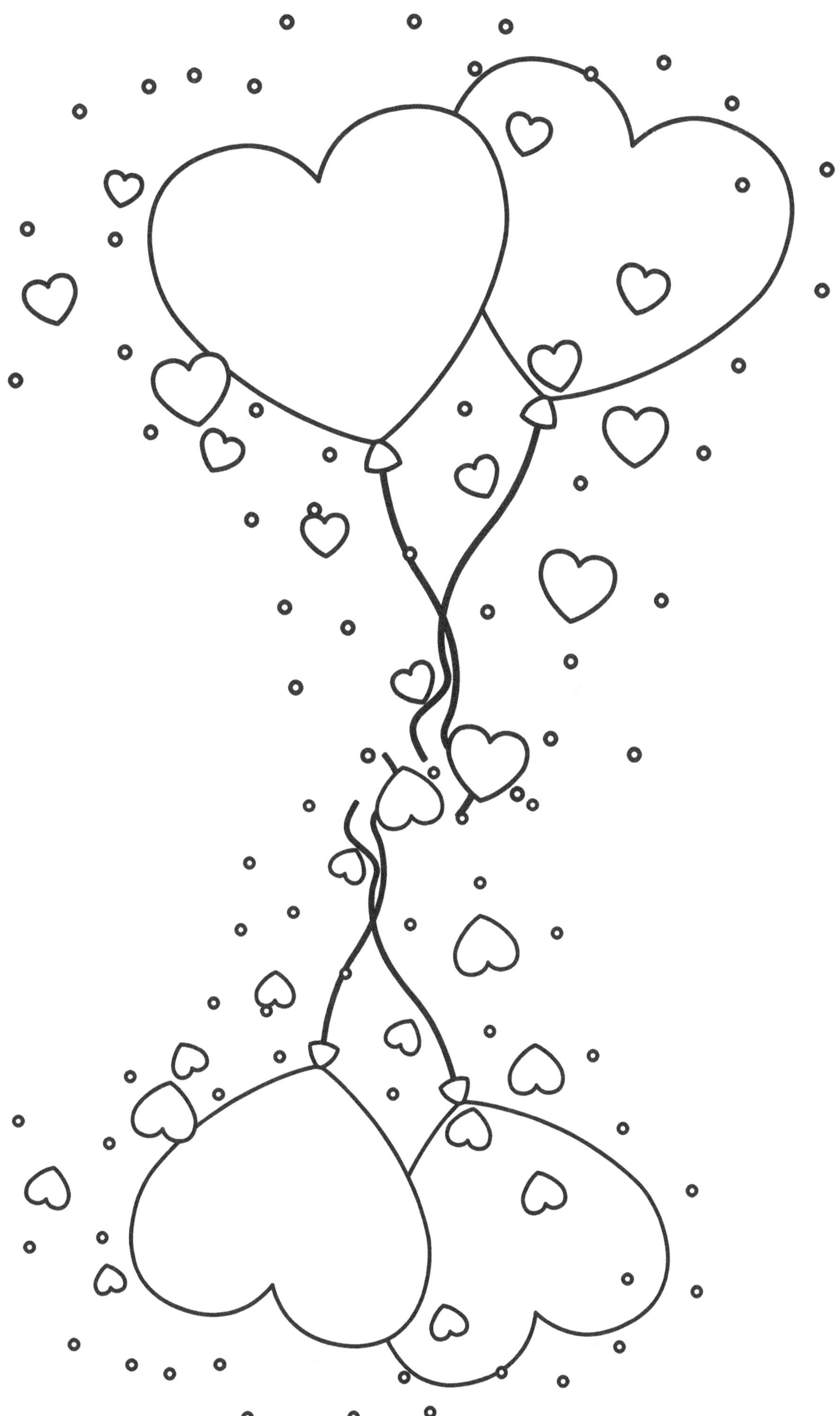

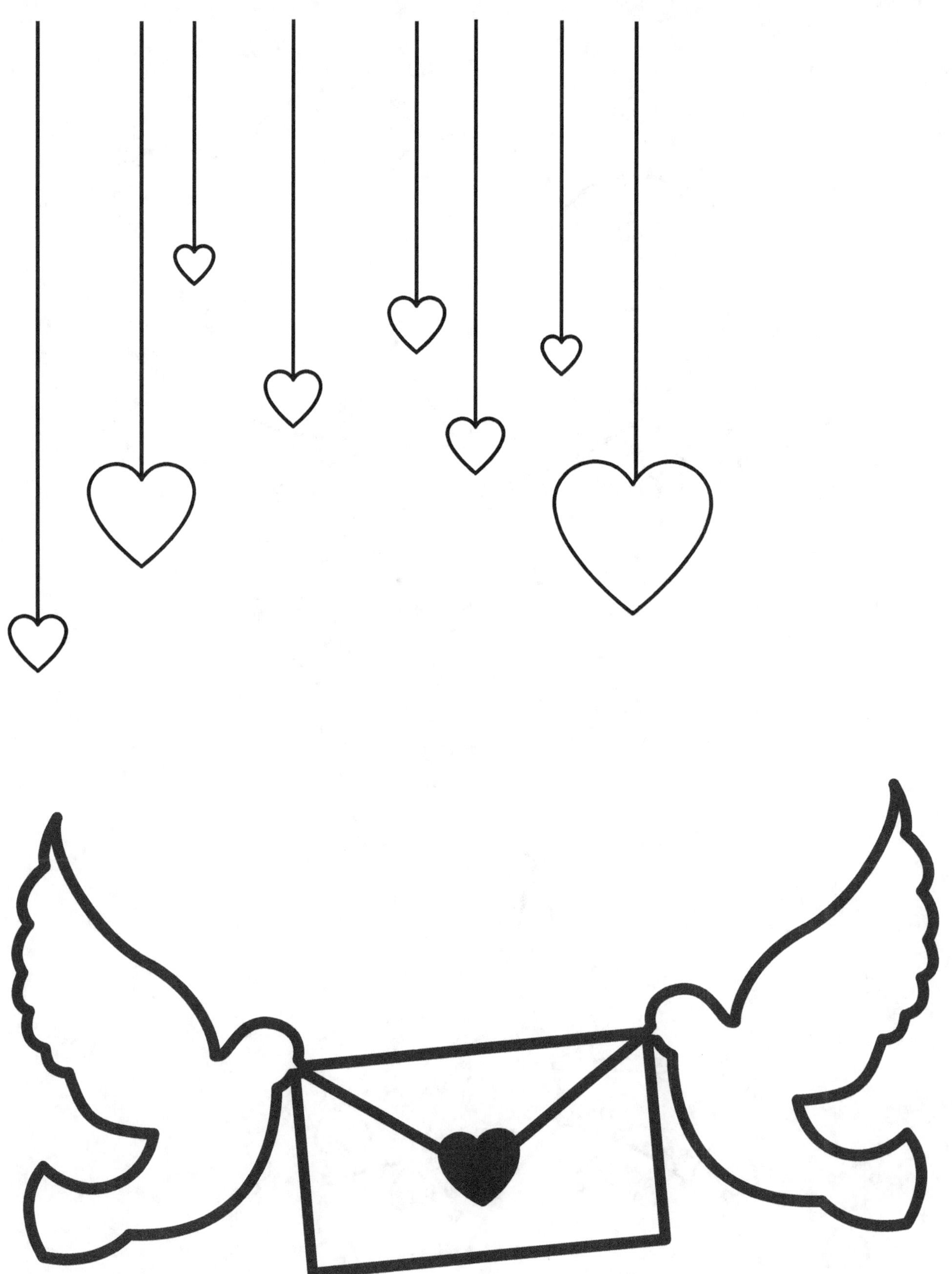

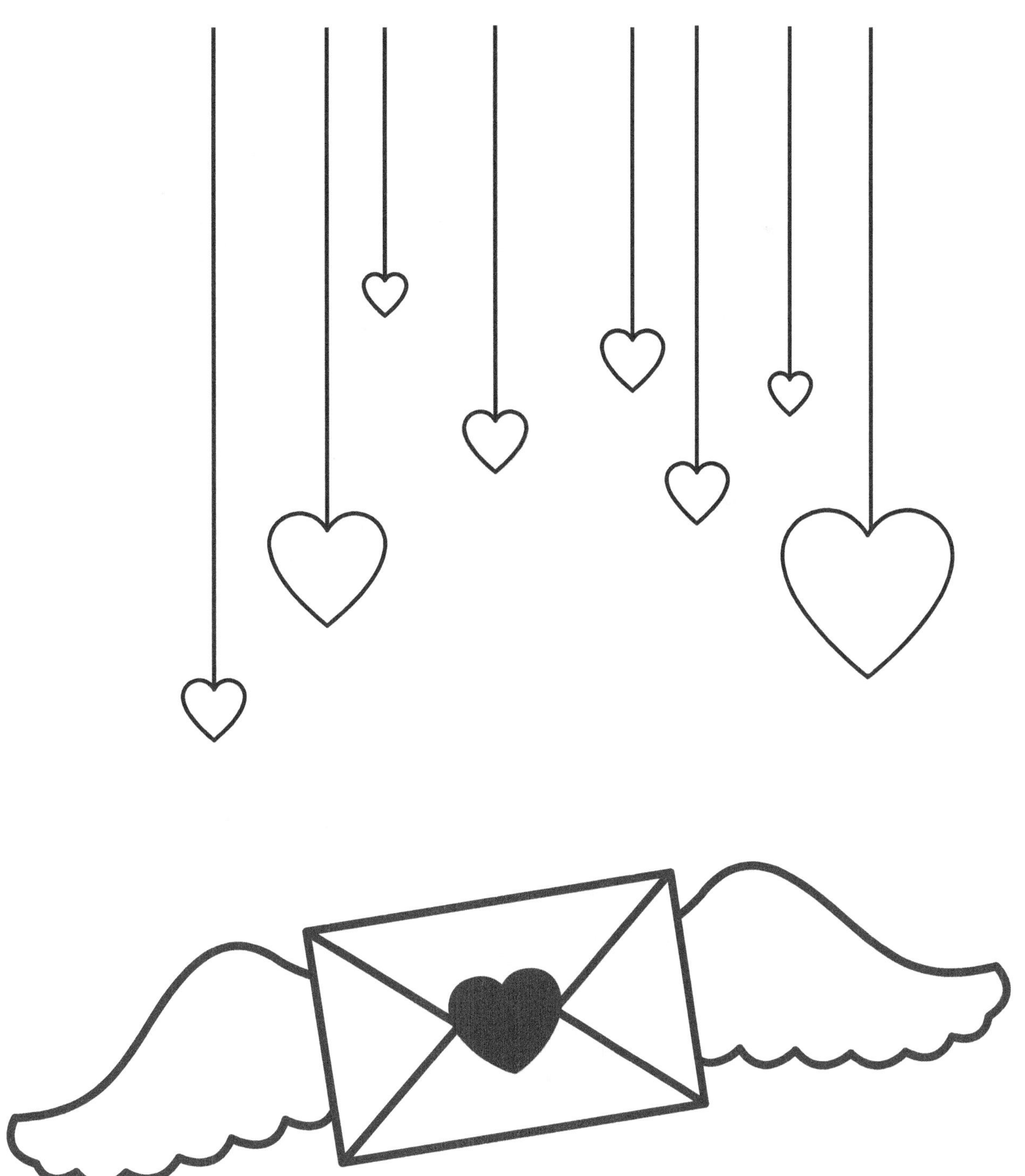

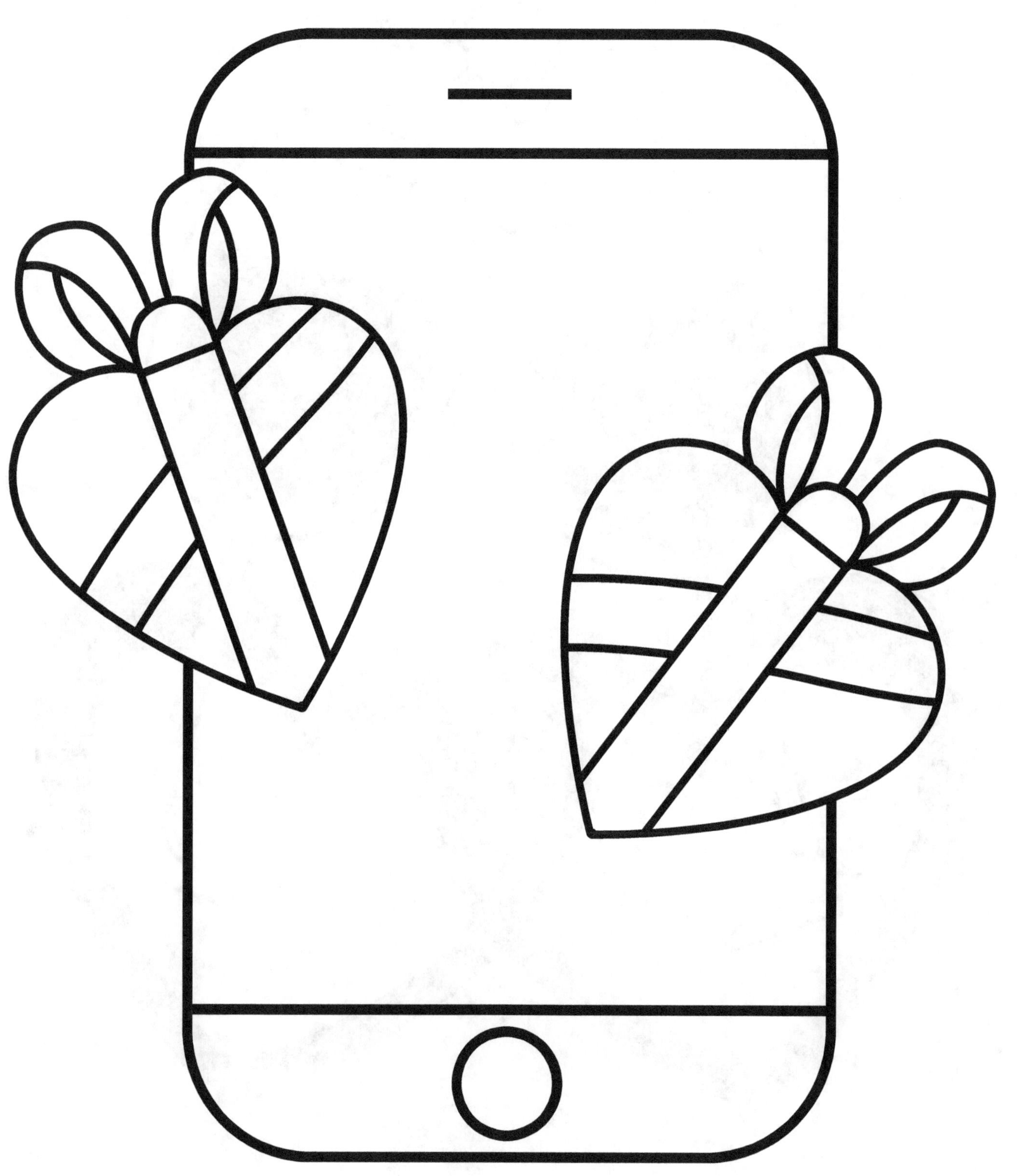

LOVE

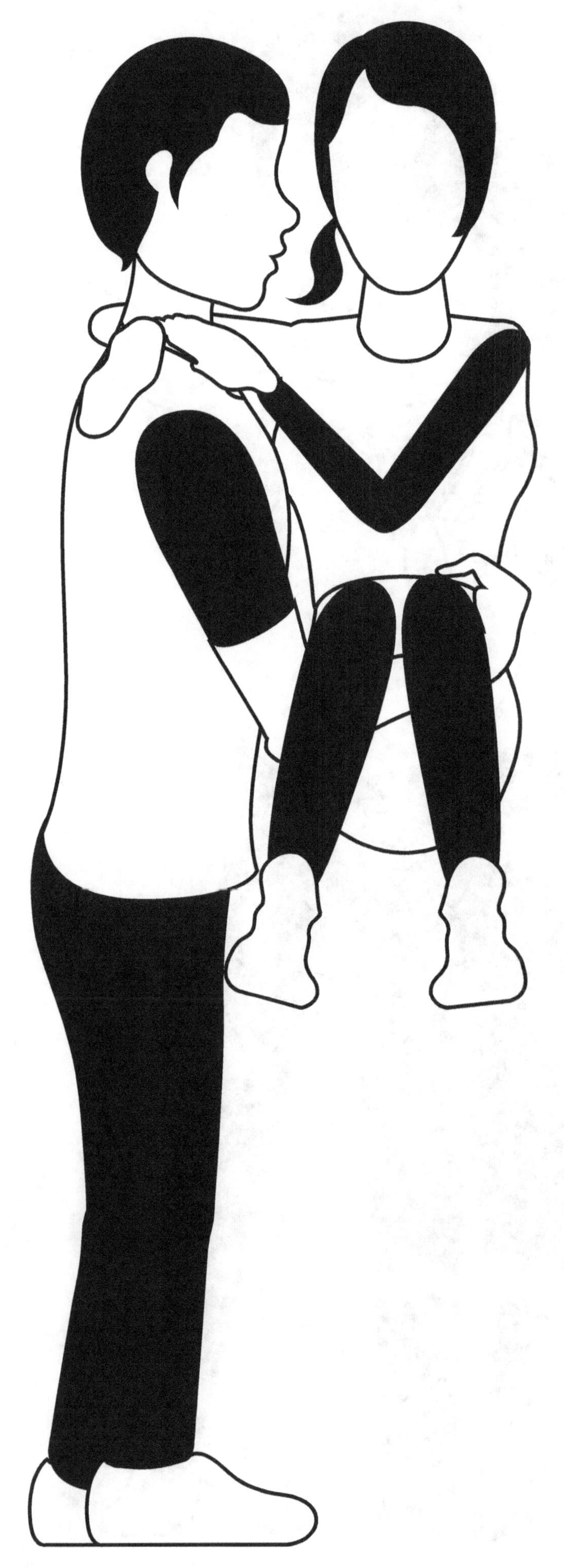

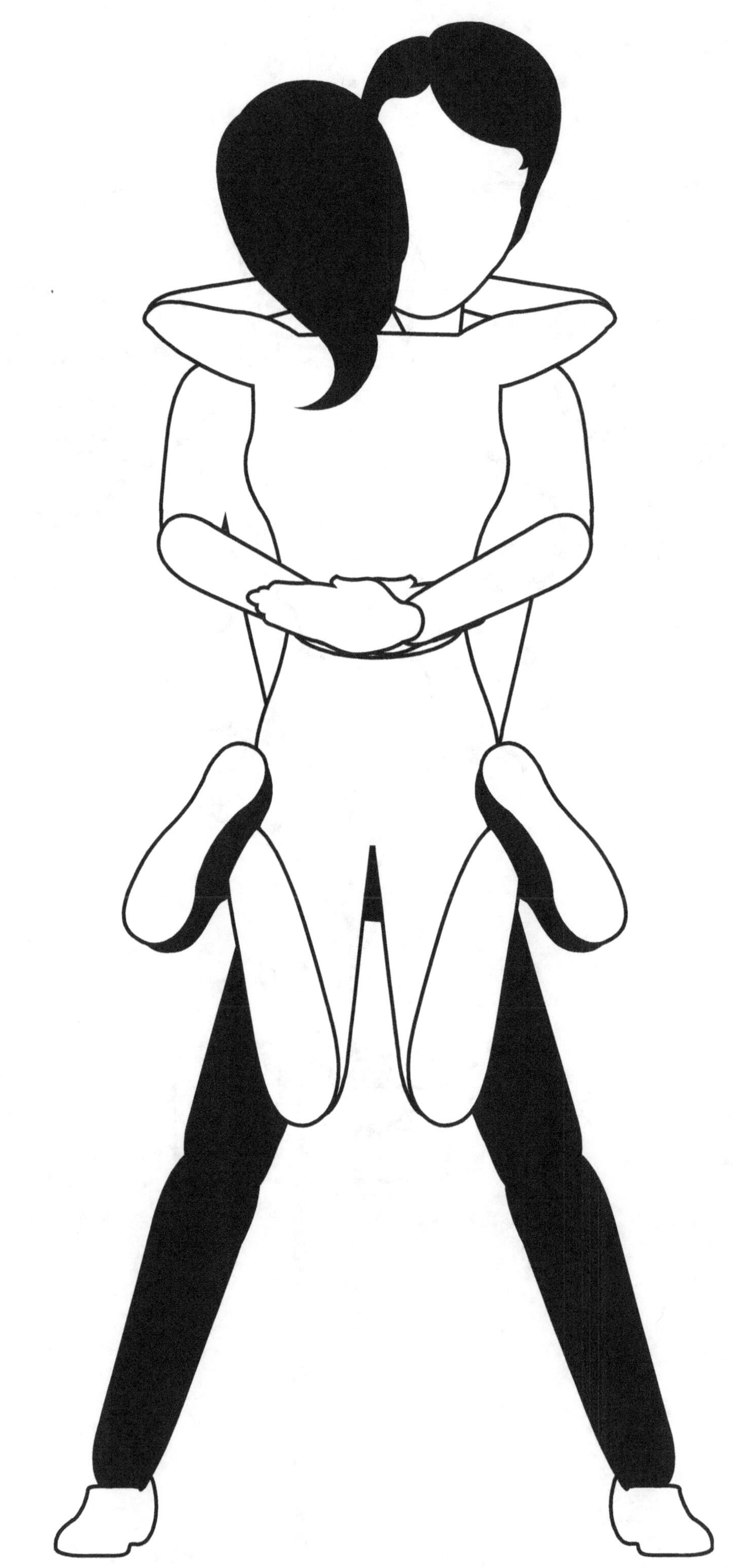

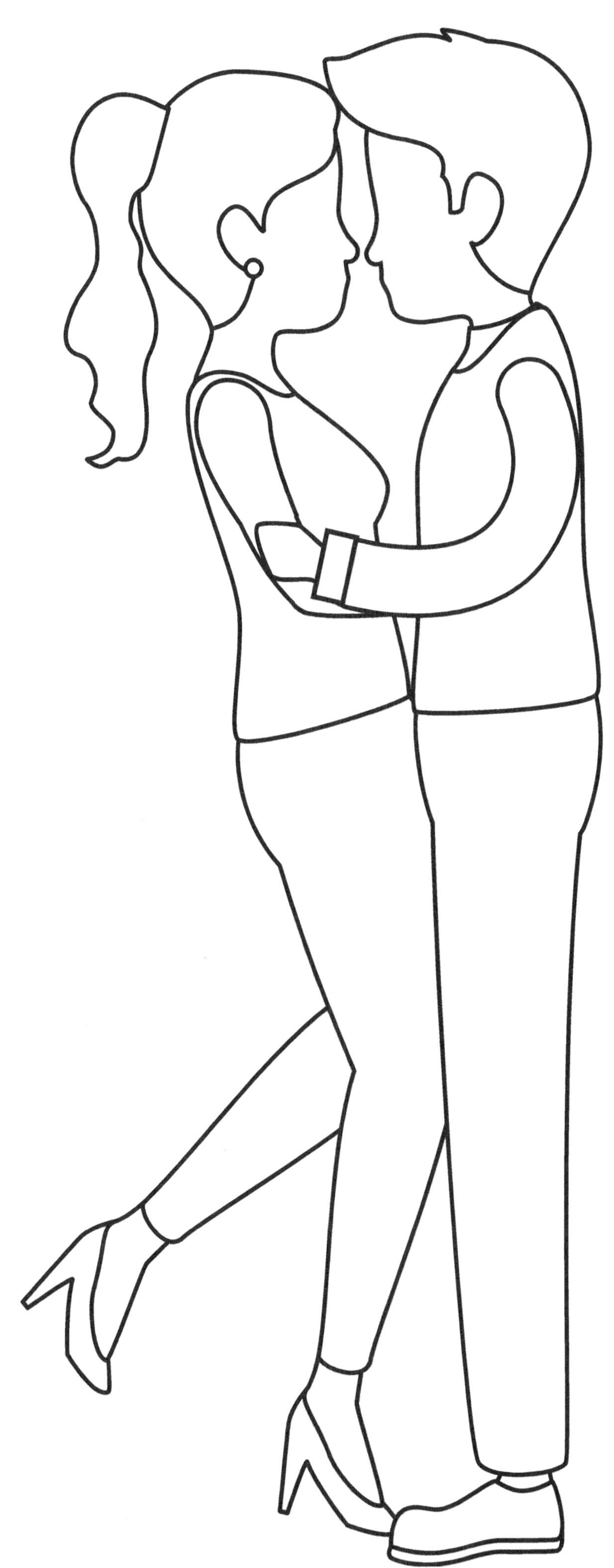

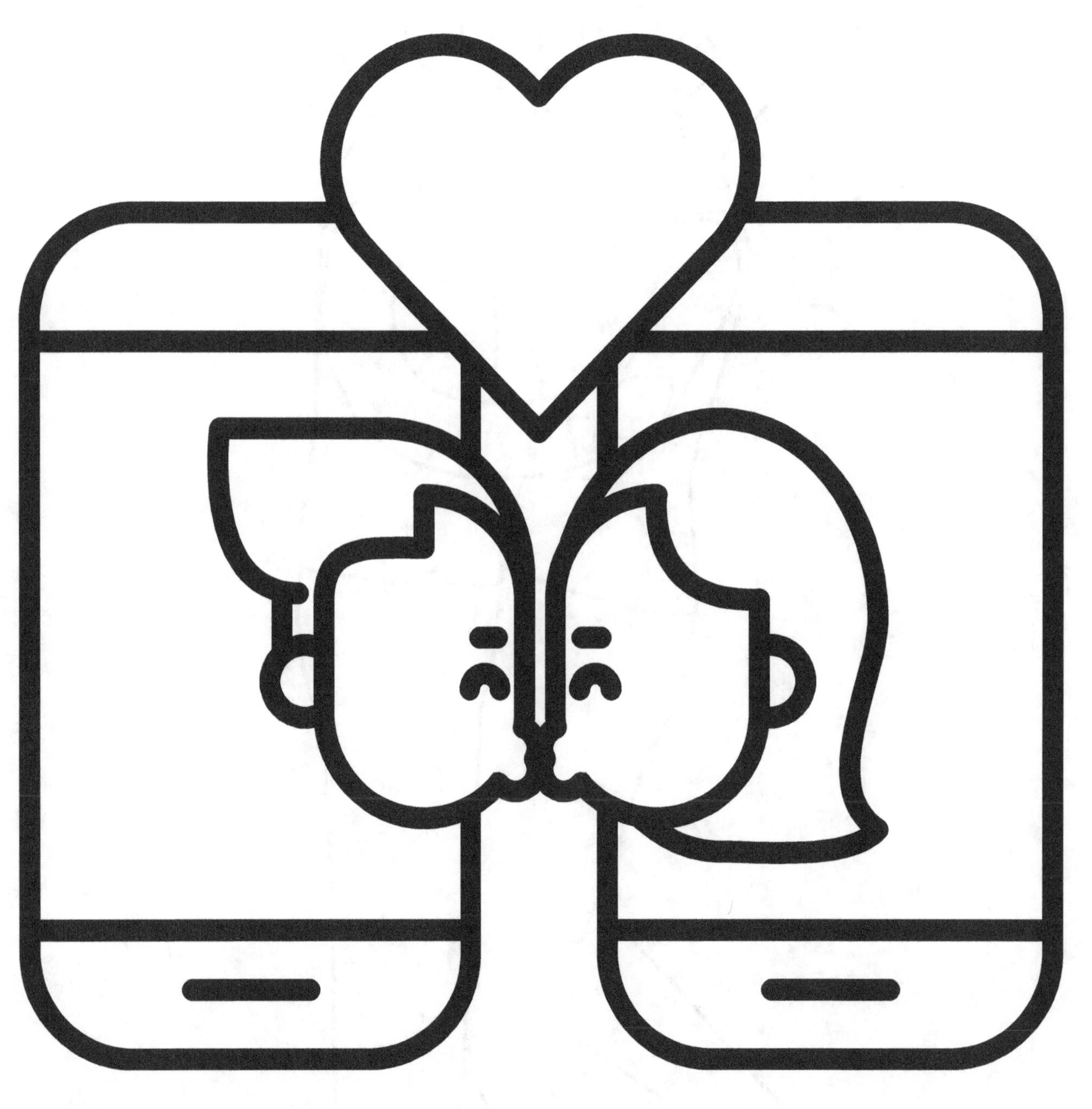

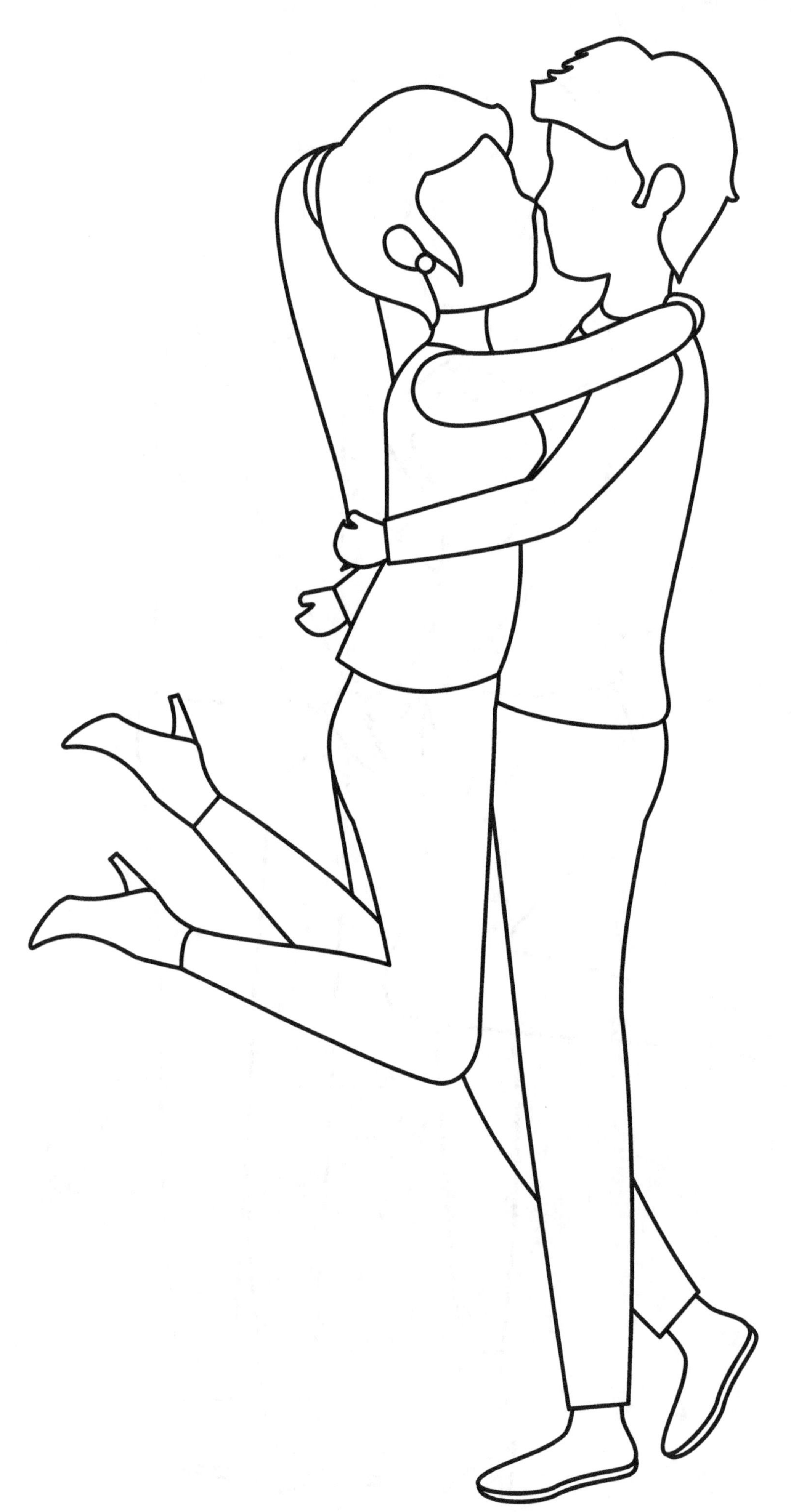

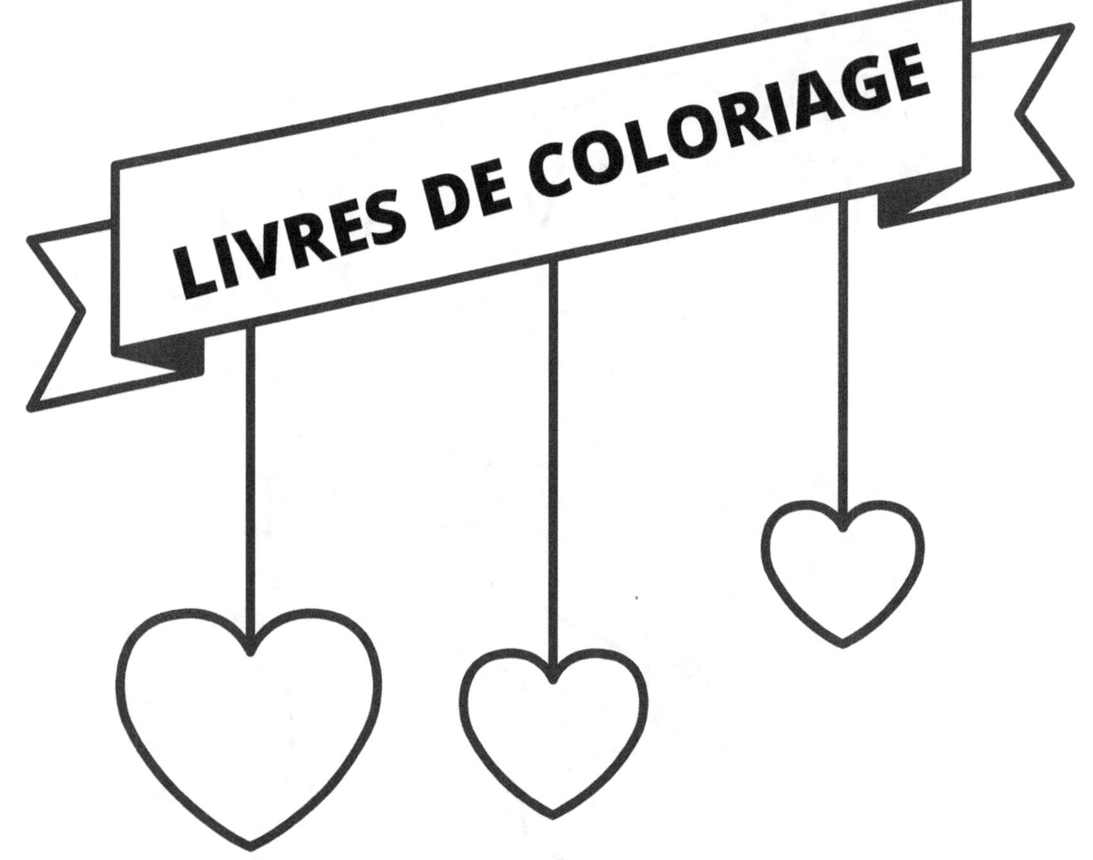

LIVRE DE COLORIAGE DINOSAURES

LIVRE DE COLORIAGE NOËL

MES PREMIERS COLORIAGES

LIVRE DE COLORIAGE FILLES

LIVRE DE COLORIAGE GARÇONS